Hawlfraint y dethol a'r darluniau: © Helen Exley, 1993

Cyhoeddwyd gyntaf ym 1993 gan Exley Publications Cyf., Chalk Hill, Watford, Herts, WD1 4BN, dan y teitl *To a Very Special Dad*.

ISBN gwreiddiol: 1-85015-396-5

Argraffiad Cymraeg cyntaf: 1994

Cedwir pob hawl. Ni chaniateir atgynhyrchu unrhyw ran o'r cyhoeddiad hwn na'i gadw mewn cyfundrefn adferadwy na'i drosglwyddo mewn unrhyw ddull na thrwy unrhyw gyfrwng, electronig, mecanyddol, llungopïo, nac fel arall, heb ganiatâd ysgrifenedig y cyhoeddwyr.

Golygwyd gan Helen Exley
Darluniau gan Juliette Clarke
Testun gan Pam Brown

ISBN: 1-85015-564-X

Cysodwyd gan Y Lolfa Cyf, Talybont, Ceredigion, Cymru, SY24 5HE.
Cyhoeddwyd gan Exley Publications Ltd., 16 Chalk Hill, Watford, Herts, WD1 4BN.

I DAD
arbennig iawn

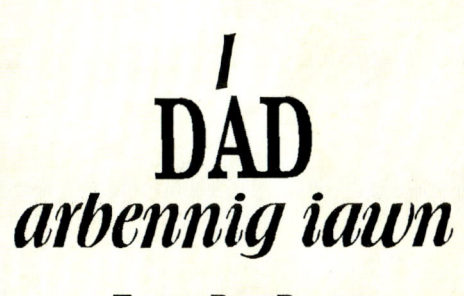

Testun Pam Brown

**Addasiad Cymraeg gan
Elfyn a Nansi Pritchard**

Diolch o galon nid yn gymaint am
yr hyn a ddysgaist ac a roddaist i
mi, ond am fod yn ti dy hun.

. . .

⧉EXLEY

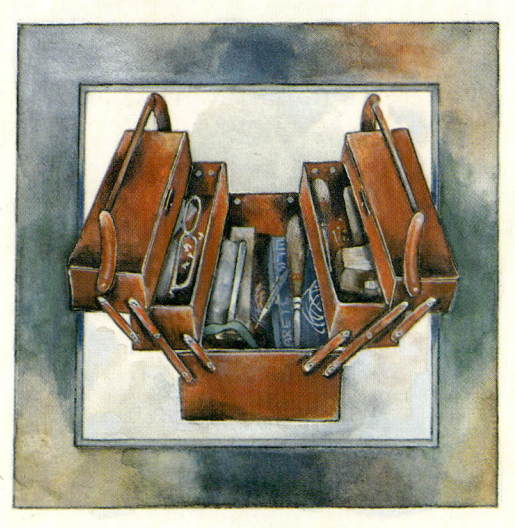

BETH YW TAD?

. . . dyn cyffredin sy'n gwneud ei orau i fod yn "Siwpyrman".
. . . ffynhonnell cynghorion da er eu bod yn brin.
. . . un sy bron iawn yn arbenigwr.
. . . Un sy *yn* gwybod – ond a fydd yn edrych mewn llyfr yn gyntaf i wneud yn siŵr ei fod yn iawn.
. . . Un sy'n dal i ymladd wrth fynd dan y don.

. . .

Dynion cyffredin yw tadau, wedi eu troi gan gariad i fod yn anturiaethwyr, yn storïwyr, yn gantorion. Gall tadau wneud popeth. Roedd bore oes iddyn nhw yn amser llawn cyffro ac mae ganddynt straeon di-ri am y cyfnod hwnnw. Mae ganddynt farn bendant ar wleidyddiaeth, ar gŵn, ar fabolgampau ac ar achub yr amgylchfyd. Mae ganddynt lond gwlad o bethau gwerthfawr mewn droriau a bocsys a siediau. Mi allan nhw adrodd straeon anhygoel. Mae yna ryw gyfaredd mewn tadau. Nid dynion cyffredin mohonynt.
Maen nhw'n arbennig.

. . .

Mi wyddoch fod dyn yn dad o ddifri pan welwch chi e'n cario poti ar draws y maes parcio.

. . .

Mae tadau yn gwybod llawer. Ond gwnewch yn siŵr fod yr wybodaeth yn gywir cyn ei chynnwys yn eich gwaith cartref!

. . .

CARTREF

Hoff sŵn fy mhlentyndod i oedd sŵn dy allwedd yn y clo.

. . .

Byddwn yn arfer eistedd yn dy gadair nes iti gyrraedd adref. Hwn oedd y lle arbennig i aros amdanat, lle'r oedd dy siâp di, arogl dy lyfrau, yr hen glustog oedd bob amser wrth dy gefn. Cael gwared â'r gadair ddaru ni. Ond dwi'n dal i weld ei cholli pan nad wyt ti o gwmpas.

. . .

Wyt ti'n cofio, Dad, y dyddiau pan oedd fy myd yn troi o gwmpas cartref? Roedd popeth bach yn ymddangos yn fawr. Roedd dy fyd ehangach di'n ddieithr i mi – ond roeddet ti'n barod i blygu i rannu pethau fy myd bach i: pyllau dŵr y ffordd, brogaod y llyn, lliwiau adenydd pryfed, a cherrig mân y traeth. Y cyfan yn rhan o fyd hud a lledrith. Dangosaist imi bethau cyfrin – clychau'r gog yn y gwanwyn, cneuen wedi ei hagor gan big aderyn, egin. Olion pawennau ci yn llwch y ffordd. Codaist fi'n uchel ar dy ysgwyddau imi gael cyffwrdd â'r coed. Rhoddaist gragen imi i'w chadw. Rwy'n meddwl hwyrach imi roi rhywbeth i ti hefyd – byd yr oeddet wedi hanner ei anghofio.

A llaw fechan yn dy law di.

Rwyf wedi tyfu ers hynny – ond mae'r cyfeillgarwch wedi goroesi pob newid.

Ac mae'r cyfan ges i gennyt yn rhan ohonof i am byth.

. . .

FY AMDDIFFYNNYDD

Gŵyr tad doeth fod rhoi cofleidiad yn
gwella bron pob clwyf.

. . .

Yn uchel ar dy ysgwyddau, dail y coed yn siffrwd
uwch fy mhen, dwylo'n cydio'n dynn yn dy ddwylo
di, neu'n camu dros y bryniau fel cawr a'r byd
oddi tanaf. Yn ddiogel, yn gwybod na ddisgynnwn.
Yn flinedig yn dy freichiau ddiwedd dydd, fy wyneb
yn dynn yn erbyn dy ysgwydd. Arogl dy siaced yn fy
nhrwyn wrth inni loncian adref, neu wrth swatio
dan dy got i aros am y bws, yn glyd rhag glaw a
thywyllwch. Yn gysglyd wrth i'r nos gau amdanom.
Yn ddiogel. Yn mynd tua thre.

. . .

Diolch am fod mor fach â mi wrth inni chwarae, ac mor fawr a chryf pan oedd angen cysgod a gofal arnaf.

Ofn! Cysgodion bygythiol ar y wal. Y llofft yn ddiarth. Y dillad gwely'n boeth a blêr. Sgwâr a melyn o olau. Yna dy freichiau yn dyner amdanaf, yn fy nghodi a'm gosod yn ddiogel yn y gadair nes iti dacluso'r gwely a'i wneud yn saff a meddal a chroesawus. Llymaid o ddŵr. Cychwyn stori sy'n gorffen mewn cwsg. Ac am dy fod ti yno – popeth yn iawn a diogel.
Ti, fy nharian rhag pob niwed.
Ti, yr un sy'n rhoi sicrwydd imi, ac yn creu'r lle diogel, llonydd y gallaf ddychwelyd iddo dro ar ôl tro.

. . .

I BOB TAD CYFFREDIN

Mae plentyn yn caru ei dad – a'r
cyfan a berthyn iddo. Y darn bach moel
ar ei gorun, trwch ei aeliau, siâp ei
glustiau, y briw bychan poenus ar
ei fawd bob gaeaf, y graith wen ar
ei figwrn, arogl glud neu sebon
neu bridd. Y cyfan yn rhan o'r cof,
yn rhan o gofio.

Mae pawb yn gallu ail-
adrodd jôcs Dad air am
air. Dyna sy'n eu
gwneud yn rhai mor
arbennig.

. . .

Mae tadau yn gwneud camgymeriadau
anhygoel o fawr.
Fe fuon nhw'n gwneud hynny am filoedd o
flynyddoedd. Ond paid poeni, Dad – ein bai ni
oedd llawer ohonyn nhw beth bynnag!

. . .

Cynigiaf lwnc-destun. I bob tad y mae ei fyd
wedi ei droi â'i ben i waered gan stad yr
economi. I bob tad a gollodd, ar amrantiad
bron, statws, incwm a ffrindiau. I bob tad sy'n
llwyddo i oroesi a chreu bywyd newydd: i
ddarganfod galluoedd newydd, i ddefnyddio'r
amser rhydd i greu byd cyfoethocach a
hapusach i'w blant – a'i wraig. Ac
iddo ef ei hun.
I bob tad sy'n dysgu galwedigaeth newydd, yn
gloywi hen sgiliau, yn cloddio llynnoedd, yn
tyfu planhigion, yn trwsio'r to, yn mynd â'r
plant i'r ysgol feithrin, yn coginio, yn trefnu
dosbarthiadau, yn ennill graddau, yn dechrau
o'r dechrau drachefn.

. . .

ATGOFION AM DDYDDIAU DEDWYDD

Ai tlawd ai cyfoethog oedden ni pan
oedden ni'n ifanc?
Wn i ddim. Ond roedden ni'n
teimlo'n gyfoethog, gan fod yna bob amser
gariad, a chan fod y byd yn llawn rhyfeddodau.

. . .

Wna i byth anghofio'r nosweithiau y byddai
Dad yn rhoi bath i ni!
Byddai'r llawr yn nofio!
Wel, mae hynny'n digwydd pan fydd morfilod
yn y bath, a thithau'n dangos inni sut i syrffio.

. . .

Diolch am yr holl ddyddiau da, Dad. Y dyddiau pan ddaru ni goginio swper sbesial, swper arbennig. Y dyddiau pan aethon ni am dro yn y glaw – a phawb yn syllu arnon ni o ffenestri eu tai. Yr amser yr aethon ni ar daith mewn trên – er mwyn y reid. Y diwrnod pan ddaru ni gloddio llyn – yn y lle anghywir..

Yr *holl* adegau hapus!

. . .

Wyt ti'n cofio'r "Dyddiau Dad yn Coginio"? Risetiau Nain. Triog a pherlysiau. Menyn a blawd. Ffrwythau a siwgwr. Arogleuon a llanast. Mam yn y parlwr. Mynyddoedd o lestri budron. A phrydau na wna i byth eu hanghofio.

. . .

Yn y cof am blentyndod rwyt ti bob amser gyda mi, yn gwrando, yn esbonio, yn cofleidio. Byddi bob amser yn rhan ohonof, Dad.

. . .

YR AMDDIFFYNNWR

Ar y cyfan, osgoi trwbwl y mae tadau. Osgoi mynd i gwrdd â gofid. Rhoi'r bin sbwriel allan yn dawel. Rheoli'r chwyn. Sefyll i aros, heb ddadlau â neb. Yn gwrtais efo athrawon. Ond sylwch arnynt pan fydd eu plant mewn peryg – wedi eu cyhuddo ar gam, wedi brifo. Fyddai'r un "Siwpyrman" yn newid mor sydyn. Mae perthnasau, swyddogion ac athrawon yn crynu o'u blaenau. Maen nhw'n rhuthro i achub eu plant.

. . .

Diolch, Dad, am wneud imi deimlo'n bwysig – i ti ac i'r byd. Diolch am fy helpu i gredu y gallaf wneud rhywbeth yn iawn. Diolch am newid "mae'n amlwg na fedri di ddim" pobl eraill i "gad inni drio eto."

Diolch am gerdded y llwybr wrth fy ochr – gan ddangos imi'r tyllau a'r mannau llithrig. Diolch am wybod pryd i adael imi ddatrys pethau drosof fy hun, a gadael imi fentro ar fy liwt fy hun – ond byth yn hollol ar fy mhen fy hun.

Gwybod dy fod ti yno – ar ben arall y ffôn. Mewn lle y gallwn bob amser ddod o hyd i ti.

. . .

Atat ti y troesom am gyfiawnder a chyngor a gwybodaeth ynglŷn â phopeth – o goluddion cymhleth injan y car i wneud cacennau.

A'u cael. A chyhoeddi yn hyderus –
"Mae Dad yn dweud . . ."

. . .

DY DDWYLO

Pan oeddwn fychan, byddwn yn gwylio dy
ddwylo celfydd yn trin peiriant, yn gosod
silffoedd, yn palu'r ardd. Yn awr, wrth i minnau
weithio fy hun, gallaf deimlo dy bresenoldeb.
Cysgod o'th ddwylo di yw 'nwylo i.

. . .

Gafaelaist yn fy llaw pan oedd ofn arnaf, pan
oeddwn yn sâl, pan oeddwn yn ddryslyd. Wedi i
ti fy nghodi ar dy ysgwyddau gallwn weld y byd.
Ei weld, a minnau yn ddiogel yn angor dy
freichiau. Gwyliais dy ddwylo'n gweithio, a
rhyfeddu at eu gallu. Gadewaist imi fentro.
Gadewaist imi fynd. Ond gan gyffwrdd â mi pan
oedd angen cysur a sicrwydd arnaf.
Ac os newidiodd y dwylo gyda threigl amser,
dwylo 'nhad ydyn nhw o hyd – yn fy
nghyffwrdd â chariad.

. . .

EIN HARWR

Roeddet ti mor gryf, mor dal, mor ddoeth. Ti oedd yn trwsio popeth oedd wedi torri, yn cyflenwi pob angen, yn rhoi yn ddiddiwedd. Ti oedd yn dweud y straeon gorau, yn canu'r caneuon gorau, yn dyfeisio'r gêmau gorau. Gallet ti storio pob ffaith a ffigwr yn dy ben, a gwyddet y rheolau i gyd. Ti oedd yn gweinyddu cyfiawnder, ti oedd athro pob sgìl. Roeddet ti'r un mor wybodus wrth ein dysgu am gylchdro bywyd y mosgito ag oeddet ti wrth esbonio dirgelion y peiriant gwnïo neu'n disgrifio llwybr y planedau.

Fe fyddet ti'n tyfu bresych fel peli mawr, a phys pêr fel glöynnod byw. Ti a'n dysgodd ni i wneud gwaith coed, i goginio swffle, i wnïo botwm, i grafftio ar goeden rosod. Ti a'n dysgodd i edrych a gwrando, i feddwl, i holi, i ymchwilio.

Ac yna'n sydyn, fe newidiaist i fod yn ddyn cyffredin, dyn oedd yn mynd â'r ci am dro cyn brecwast, yn cael pum munud ar ôl cinio Sul. Newidiaist i fod yn ddyn oedd yn fyrrach na'n ffrindiau, yn gwrtais a charedig a goddefgar, ond yn ein barn ni, ychydig yn henffasiwn. Onid oedden ni wedi tyfu ac wedi darganfod arwyr eraill? Neu'n hytrach roedden ni'n meddwl ein bod wedi tyfu. Fe dreiglodd yr amser a daethom yn ddoethach gan weld o'r diwedd mai "Siwpyrman" oeddet ti, "Siwpyrman" a ddewisodd droi'n ôl i fod yn ddyn cyffredin unwaith yr oedd wedi cyflawni ei ddyletswydd i ni.

. . .

CYN IDDI FYND YN RHY HWYR, DAD

Tuedd pob bardd yw wylo
Ddydd angladd trist ei dad.
Yn unig ac o'r neilltu
Fe geisia ei ryddhad.
Gan ymdrybaeddu'n llwyr
Mewn llu atgofion dwys
Wrth roddi'i dad i huno
Yn isel dan y gwys.
Ond gan nad ydw i yn fardd
Fe ymddiheuraf nawr
Am afradlonedd, am bob ffrae
Am lu camweddau mawr.
Gwell inni felly fyw ein dau
Mewn hedd a chariad, a pharhau
Yn ffrindiau cu, mynwesol.

Dwi bob amser wedi dy gymryd di yn ganiataol.
Tybiwn fod tadau yn gwybod am sêr a moroedd
a lleoedd ac amserau pell i ffwrdd. Onid oedd
ganddyn nhw stôr o hanesion? A'r union lais i
ddarllen straeon amser gwely. Nhw ddysgodd y
plant sut i chwibanu. Nhw wnaeth deganau
iddynt. Gallent wneud cwlwm llongwr ag un
symudiad sydyn o'r bysedd. Fe ellid dibynnu
arnyn nhw i greu anturiaethau bychain
diddorol. Gallent drwsio popeth. Roedden nhw
yn amyneddgar a chariadus, a chanddynt bob
amser
bres yn eu poced.
Tadau oedd yn gwneud y byd yn lle diogel. Gwn
erbyn hyn, wrth gwrs, nad dim ond un o'r rhai
lwcus oeddwn i. 'Nhad annwyl, roeddwn i – na,
rydw i, wedi fy mreintio'n arbennig.

DIOLCH O'R DIWEDD

Pobl gyffredin yw tadau, yn derbyn y
cyfrifoldeb o fagu person arall i fod yn
garedig, gonest, dysgedig, defnyddiol,
cariadus a dewr.
Mae pob tad yn haeddu clod gan ei blant
caredig, gonest, dysgedig, defnyddiol,
cariadus a dewr.

. . .

Dyma fi'n nain oedrannus, yn dweud
yr hyn y dylwn fod wedi ei ddweud
erstalwm. Rwy'n diolch ac am
ymddiheuro yr un pryd, ar ran pob
mam, i bob tad a aeth ati, tra oedd y
byd yn troi o gwmpas y crud, i lanhau'r
tŷ a'r ffenestri, i siopa,

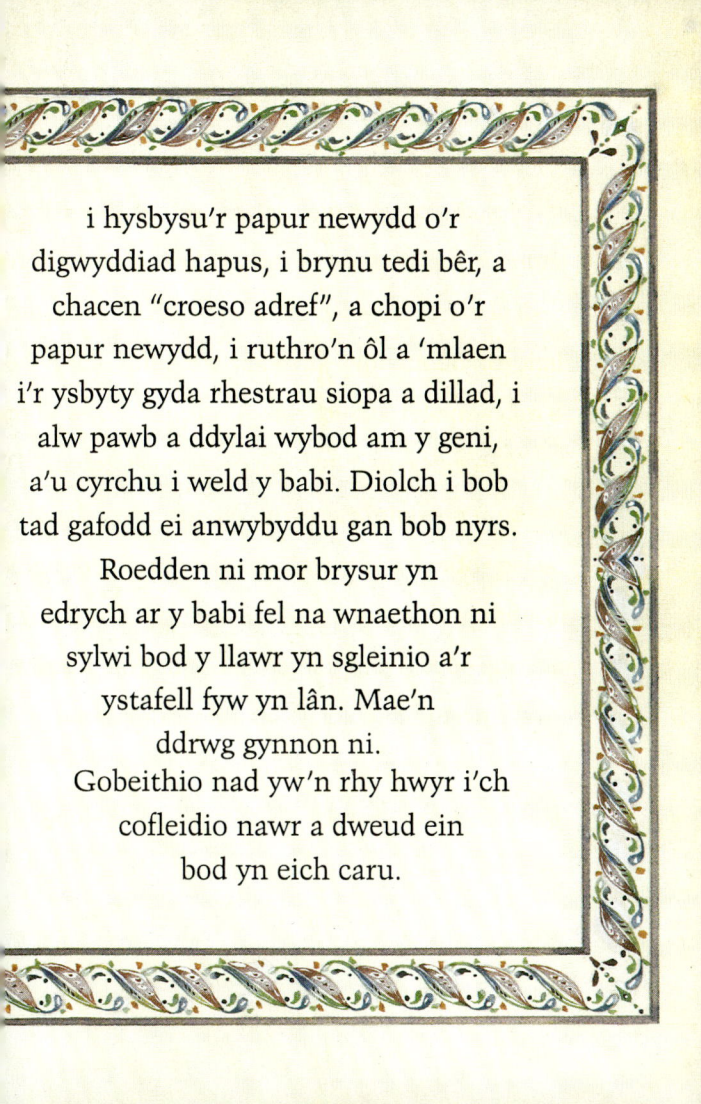

i hysbysu'r papur newydd o'r
digwyddiad hapus, i brynu tedi bêr, a
chacen "croeso adref", a chopi o'r
papur newydd, i ruthro'n ôl a 'mlaen
i'r ysbyty gyda rhestrau siopa a dillad, i
alw pawb a ddylai wybod am y geni,
a'u cyrchu i weld y babi. Diolch i bob
tad gafodd ei anwybyddu gan bob nyrs.

Roedden ni mor brysur yn
edrych ar y babi fel na wnaethon ni
sylwi bod y llawr yn sgleinio a'r
ystafell fyw yn lân. Mae'n
ddrwg gynnon ni.
Gobeithio nad yw'n rhy hwyr i'ch
cofleidio nawr a dweud ein
bod yn eich caru.

MAE ANGEN TADAU AR Y BYD

Cyfarchwn y tadau hynny all droi eu llaw at
unrhyw orchwyl. Y rhai sy'n gwneud yn ôl yr
angen: sychu trwynau'r plant a gwisgo
amdanynt, pilio'r tatws, glanhau'r
dreiniau, rhoi'r plant yn eu gwlâu cyn
i Mam ddod adref o'i gwaith.
Sy yno pan fydd eu hangen. Y rhai hyn,
ynghyd â'r mamau, yw canolbwynt y cartref.

. . .

Mae ar y byd angen mamau cariadus – a chaiff
hyd iddynt ymhobman. Mamau sy'n
tawelu'r plant yn sŵn y bomiau, yn ymladd i
arbed y cynhaeaf, yn llunio addurn
dathlu o bapur wast a bonyn cannwyll. Ond
mae arnyn nhw angen cydymaith ar y daith hir
i ddiogelwch. Mae arnyn nhw angen
gwarchodwr yn awr perygl. Mae arnyn nhw
angen rhywun i rannu eu beichiau ac i
gynnal fflam gobaith.
Mae ar y byd angen tadau cariadus.

. . .

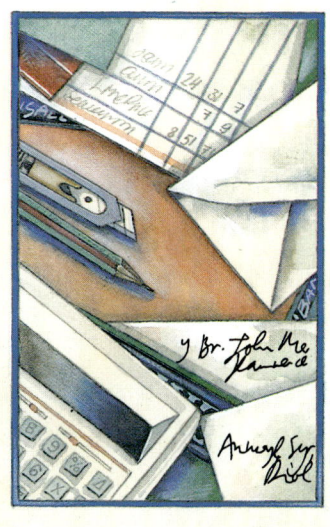

Rwy'n estyn fy llaw allan at dadau drwy'r byd
sy wedi eu gwahanu oddi wrth eu gwragedd
a'u plant gan ryfel neu angen neu waith, ac
rwy'n hiraethu gyda'r mamau a'u plant
am eu dychweliad. Mae teuluoedd yn
llwyddo i oroesi.
Ond dyw hynny ddim yn ddigon.
Dewch adre'n ddiogel.
Dewch adre'n fuan.

. . .

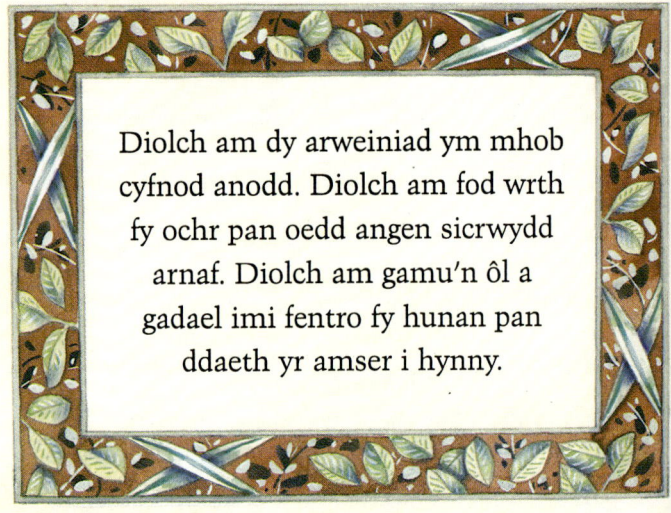

Diolch am dy arweiniad ym mhob cyfnod anodd. Diolch am fod wrth fy ochr pan oedd angen sicrwydd arnaf. Diolch am gamu'n ôl a gadael imi fentro fy hunan pan ddaeth yr amser i hynny.

DIOLCH AM BOPETH

Diolch am yr holl straeon. Diolch am wynebu'r athrawes yn yr ysgol. Diolch am beidio hanner fy lladd wedi imi grafu dy gar.
Diolch am fod ar gael.
Diolch am ddysgu i mi werth cwrteisi a pharch wrth eu rhoi yn gynhysgaeth i mi pan oeddwn yn fychan iawn.

. . .

Diolch am wneud i mi deimlo mai fi oedd yn
dod gyntaf, beth bynnag y gofynion ar
dy boced a'th amser.

Diolch am yr holl gynghorion a gefais ac a
anwybyddais.

Diolch am wneud i mi sylweddoli mor unigryw
a gwerthfawr yw popeth byw, ac am ddangos i
mi ddibyniaeth y naill ar y llall.

Diolch am lunio'r rheolau – a'u plygu
pan oedd angen.

Diolch am ddysgu i mi werth tawelwch.

Diolch am fy argyhoeddi 'mod i'n arbennig. A
'mod i'n rhannu'r rhodd hon â phob dyn byw.

Diolch am bob beic a atgyweiriwyd, pob
tedi bêr a adferwyd â glud, am y gwersylla
mewn pebyll oer a llaith, am bob sesiwn o
ddawnsio gorffwyll . . . am . . .
O! Am *bopeth*!

. . .